The Pond that Disappeared

Suddenly everybody was rushing down to the pond, shouting and calling out. When I arrived, there was already a crowd of watchers lining the water's edge...

Thomas Nelson and Sons Ltd
Nelson House
Mayfield Road
Walton-on-Thames
Surrey KT12 5PL UK

51 York Place
Edinburgh EH1 3JD UK

Thomas Nelson (Hong Kong) Ltd
Toppan Building 10/F
22A Westlands Road
Quarry Bay
Hong Kong

Distributed in Australia by

Thomas Nelson Australia
480 La Trobe Street
Melbourne
Victoria 3000
and in Sydney, Brisbane, Adelaide and Perth

First published by Thomas Nelson and Sons Ltd 1988

Text and illustrations copyright © Jennie Ingham Associates Ltd 1988

Urdu translation by Qamar Zamani

Urdu translation checked by Farmanullah Khan Kashif

Urdu translation © Jennie Ingham Associates Ltd 1988

ISBN 0 17 410119 8

NPN 9 8 7 6 5 4 3 2 1

Printed in Hong Kong

All Rights Reserved. This publication is protected
in the United Kingdom by the Copyright Act 1956 and in
other countries by comparable legislation. No part of it
may be reproduced or recorded by any means without
the permission of the publisher. This prohibition
extends (with certain very limited exceptions) to
photocopying and similar processes, and written permission
to make a copy or copies must therefore be obtained from
the publisher in advance. It is advisable to consult
the publisher if there is any doubt regarding the
legality of any proposed copying.

The Pond that Disappeared

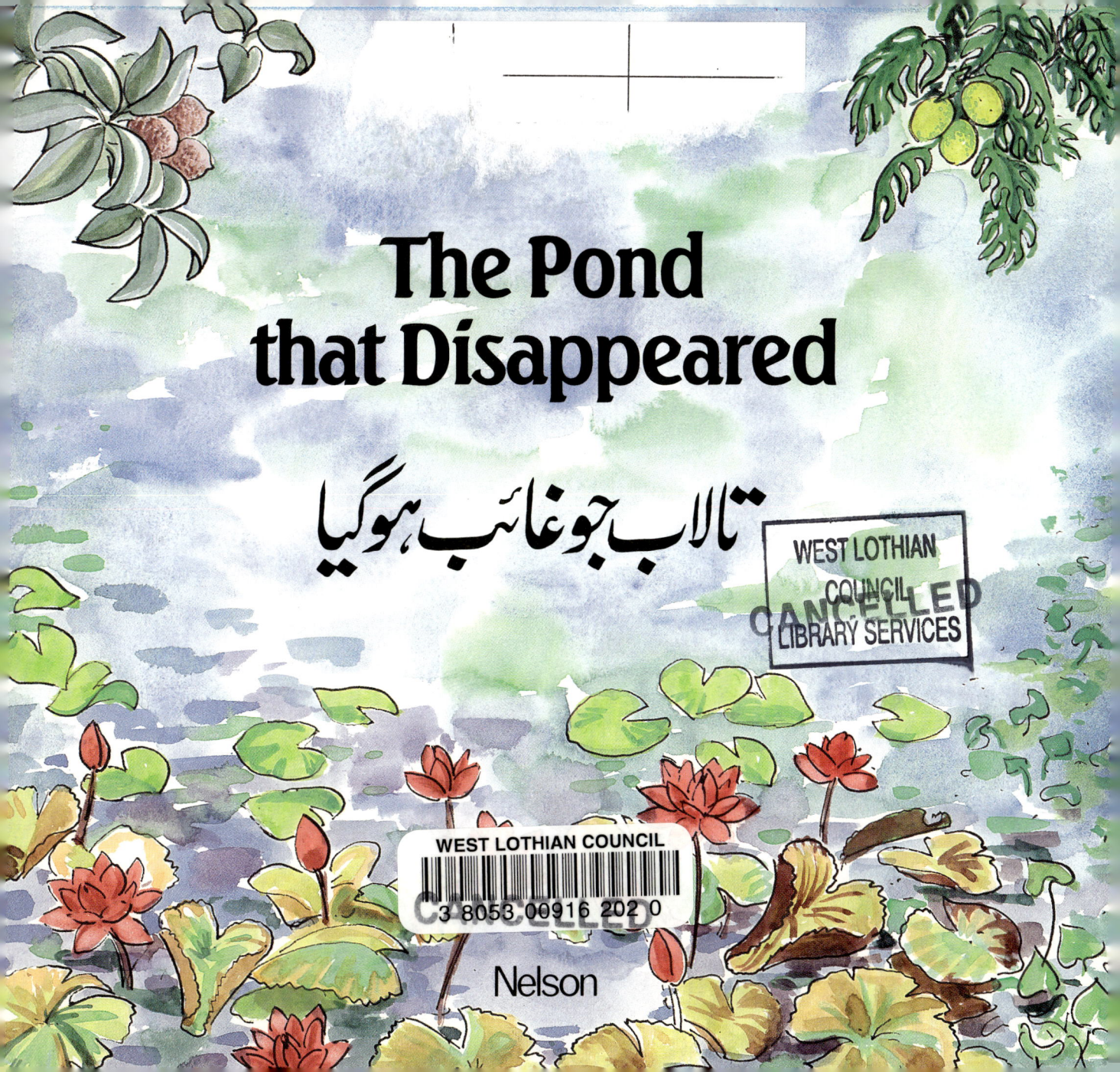

تالاب جو غائب ہو گیا

Nelson

Pondside was the name of my village in the parish of Hanover, Jamaica.

The countryside all around the village was lush and green, and trees bearing breadfruit, bananas, guavas and star apples studded the hillsides.

Early in the day, the air was heavy with the scent of wild ginger and rose apple, while in the evenings it was filled with the smell of night jasmine.

جمیکا میں، ہینوور کے علاقے میں میرا گاؤں تھا جس کا نام پونڈ سائڈ تھا۔

گاؤں کے آس پاس کا دیہاتی علاقہ بہت ہرا بھرا اور شاداب تھا۔ بریڈ فروٹ، کیلے، امرود اور کمرخ سے لدے درخت پہاڑیوں کی ڈھلان پر سجے کھڑے تھے۔

صبح ہی صبح ہوا جنگلی ادرک اور روزایپل کی مہک سے بوجھل ہوتی جبکہ شام کے وقت اس میں رات کی رانی کی خوشبو بس جاتی۔

In the centre of Pondside was a square, around which stood a school, shops, and the Church of God, where nightly meetings of praise and song were held.

Set back from the square was a large house with a verandah and a lovely garden. I lived there as a boy with my uncle.

A fenced road on the left of the square led up to "Big Pond".

پونڈ سائڈ کے درمیان ایک چوکور میدان تھا جس کے چاروں طرف اسکول، دکانیں اور چرچ آدف گوڈ تھا جس میں ہر رات جماعت ہوتی اور خدا کی حمد میں گانے گائے جاتے۔

اس چوکور میدان سے ذرا پیچھے ہٹ کر ایک بڑا مکان تھا جس میں ایک برآمدہ اور ایک خوبصورت باغ تھا۔ میں لڑکپن میں وہاں اپنے ماموں کے ساتھ رہتا تھا۔

اس میدان سے ایک جنگلے دار سڑک بائیں طرف "بڑے تالاب" کی طرف جاتی تھی۔

The pond was reached through a wooden entrance gate. It lay in Crighton's Common, one of the loveliest and most peaceful areas of farmland it would ever be possible to set foot on.

To the right was a grassy slope grazed by cattle, while on the left was a meadow where children often played, at the risk of being chased by fierce bulls.

In the centre stood Big Pond itself. It was about 120 metres long and its water was clear and clean. Water lilies grew on the right of the pond and ducks and other waterfowl swam and flew along its surface.

اس تالاب تک پہنچنے کے لئے ایک لکڑی کا پھاٹک استعمال کیا جاتا تھا۔ یہ کرائیٹنز کومن میں واقع تھا۔ اس علاقے سے زیادہ خوبصورت اور پرسکون کھیت دنیا میں کہیں اور ہوں یہ ذرا مشکل ہی ہے۔

دائیں طرف ایک گھاس سے بھری ڈھلان تھی جس پر مویشی چرتے تھے۔ بائیں طرف ایک گھاس کا میدان تھا جس میں بچے کھیلتے رہتے تھے حالانکہ ہر وقت یہ خطرہ تھا کہ غضبناک بیل ان کے پیچھے نہ بھاگیں۔

بالکل درمیان میں بڑا تالاب تھا۔ یہ تقریباً ۱۲۰ میٹر لمبا تھا اور اس کا پانی صاف وشفّاف تھا۔ اس کی دائیں سطح پر کنول کے پھول اُگتے تھے اور بطخیں اور دوسرے آبی پرندے اس کے اوپر تیرتے رہتے تھے۔

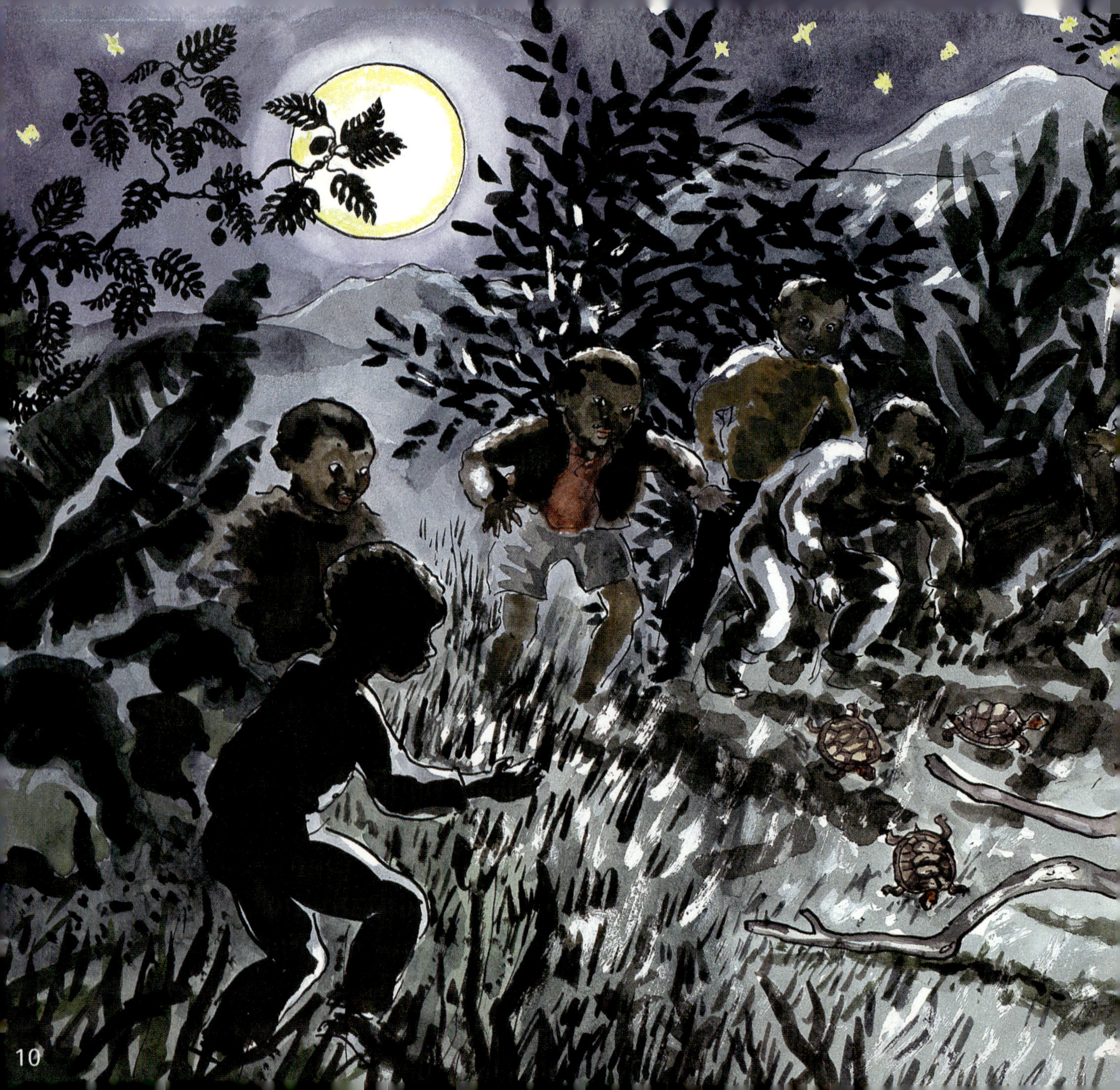

There were turtles too, which at night would come out and look for food. Groups of boys would often trap them, turn them on their backs to stop them escaping, and keep them for a tasty turtle meal.

وہاں کچھوے بھی تھے جو رات کو کھانے کی تلاش میں نکلتے تھے۔ اکثر لڑکوں کے گروہ ان کو قید کر لیتے تھے اور ان کو پیٹھ کے بَل لٹا دیتے تھے تاکہ وہ بھاگ نہ سکیں اور مزیدار کچھوے کا لقمہ بن جائیں۔

Big Pond had not always been there. In the early 1900s pigs had made a little mud hole under some guava trees, and, as the years went by, more and more water settled there. People helped the process along by digging, and finally Big Pond emerged.

Eventually the pond became a very important source of water. It always remained during times of drought when springs and rivers had dried up.

بڑا تالاب ہمیشہ سے وہاں نہیں تھا۔ بیسویں صدی کے شروع میں چند سُوروں نے کچھ امرود کے درختوں کے نیچے ایک گڑھا کر دیا تھا اور جیسے جیسے سال گزرتے گئے وہاں اور زیادہ پانی جمع ہوتا گیا۔ لوگوں نے کھُدائی کر کے اس عمل کی مدد کی اور آخر کار وہاں بڑا تالاب وجود میں آگیا۔

آخر کار تالاب پانی حاصل کرنے کا ایک بہت اہم ذریعہ بن گیا۔ خشک سالی میں جب تمام دریا اور چشمے سوکھ جاتے، تالاب موجود رہتا۔

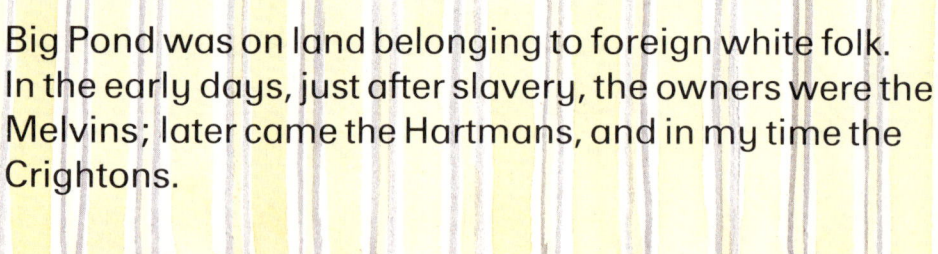

Big Pond was on land belonging to foreign white folk. In the early days, just after slavery, the owners were the Melvins; later came the Hartmans, and in my time the Crightons.

بڑا تالاب جس زمین پر تھا وہ غیر ملک کے گوروں کے قبضے میں تھی۔ ابتدائی زمانے میں "غلامی کے خاتمے کے فوراً بعد، اس کے مالک میل ولِنس تھے۔ اس کے بعد ہارٹ منس آئے اور میرے زمانے میں کرائیٹنز تھے۔

In the past, these people had been respectfully addressed as "busha", and still lived in a very aristocratic style compared to the locals. They owned a lot of cattle which drank from Big Pond.

پرانے زمانے میں یہ لوگ ادب کی وجہ سے "بُوشا" کہہ کر مخاطب کئے جاتے تھے اور اب بھی دیسی لوگوں کے مقابلے میں نہایت امیرانہ ٹھاٹ سے رہتے تھے۔ ان کے پاس بہت سے مویشی تھے جو سب بڑے تالاب سے پانی پیتے تھے۔

Over a period of about thirty years, Big Pond and the surrounding fields became very popular with everybody from the village. Children would often go there before and after school to play. Sometimes they would leave the gate open and cattle belonging to local people would stray in.

When this happened, the stray animals were caught by the overseers of the property and put in a pound. To get the animals back, their owners would have to pay a fine.

Sometimes a notice would be nailed up prohibiting anyone from entering the property or taking water from the pond. This was, of course, very unwelcome for the local people.

تقریباً تیس سال کے عرصے میں بڑا تالاب اور اس کے اطراف کے کھیت گاؤں والوں میں بہت مقبول ہو گئے تھے۔ بچے اکثر اسکول کے وقت سے پہلے اور بعد وہاں جاکر کھیلتے تھے۔ کبھی کبھی وہ پھاٹک کھُلا چھوڑ دیتے تھے اور دیسی لوگوں کے مویشی اندر گھُس آتے تھے۔

جب ایسا ہوتا تو بھٹکے ہوئے جانوروں کو جائداد کی نگہداشت کرنے والے کارکُن پکڑ لیتے تھے اور ان کو کانجی گھر میں رکھ دیتے تھے۔ جانوروں کے مالک کو ان کی واپسی کے لئے جرمانہ ادا کرنا ہوتا تھا۔

کبھی کبھی وہاں ایک اشتہار لگا ہوتا جس کے مطابق ہر ایک کو اندر داخل ہونے کی اور پانی لینے کی ممانعت ہوتی۔ ظاہر ہے یہ دیسی لوگوں کو بالکل اچھا نہیں لگتا۔

But then a strange thing happened. Very soon after such a notice was displayed, carrying the words "Trespassers Will Be Prosecuted, By Order", the water in the pond began to recede. Big Pond was drying up.

لیکن پھر ایک عجیب واقعہ ہوا۔ "بغیر اجازت اندر آنے والوں کو حکم کے مطابق سزا دی جائے گی" ایسا اشتہار لگنے کے کچھ دن بعد ہی تالاب کا پانی کم ہونے لگا۔ بڑا تالاب سوکھ رہا تھا۔

Word got around that the reason for this was the ban on local people using Big Pond and the fields around it.

لوگ کہنے لگے کہ اس کی وجہ یہ تھی کہ دیسی لوگوں کو بڑے تالاب کا پانی اور اس کے آس پاس کے کھیت استعمال کرنے پر پابندی لگا دی گئی تھی ۔

Not two days passed before the ban was lifted. Once again the people of Pondside could take short cuts across the fields and have games of cricket on the Common.

Can you imagine what happened next? Strange as it was for the water to have ebbed away, just as strangely the water now returned to the pond and stayed there!

This happened on many occasions. Whenever local people were prevented from using Big Pond or the pastures around it, the water began to recede.

دو دن بھی نہیں گزرے تھے کہ پابندی ہٹا دی گئی۔ ایک بار پھر پونڈ سائڈ کے باسی کھیتوں کے درمیان سے راستہ مختصر کرنے کے لئے گزرنے لگے اور کومن پر کرکٹ کا کھیل کھیلنا شروع کر دیا۔

کیا تم سوچ سکتے ہو کہ اس کے بعد کیا ہوا ہوگا؟ جس طرح پُراسرار طریقے سے پانی رفتہ رفتہ کم ہو گیا تھا اسی طرح تالاب میں واپس آگیا اور پھر وہیں ٹھہر گیا!

یہ کئی مرتبہ ہوا۔ جب بھی دیسی لوگوں کو بڑا تالاب یا اس کے اطراف کے میدان استعمال کرنے سے روک دیا جاتا، تالاب کا پانی کم ہونا شروع ہو جاتا۔

21

The story of Big Pond was well known to the Crighton family when they took over the large house on the hill where the white people had always lived.

However, a rumour was circulating in the village that in the bottom of the pond was a cave entrance which ran through to a river. This was believed to be where the water went whenever it receded.

جب کرائٹن خاندان نے اس پہاڑی پر بنے بڑے گھر میں رہنا شروع کیا تھا جس میں گورے لوگ ہمیشہ سے رہتے آئے تھے اس وقت ان کو تالاب کی کہانی اچھی طرح معلوم تھی۔

بہرحال ایک افواہ سارے گاؤں میں پھیل رہی تھی کہ تالاب کی تہہ میں ایک غار کا دہانہ ہے جو سیدھا ایک دریا تک جاتا ہے۔ کہا جاتا تھا کہ تالاب کا پانی جب غائب ہوتا ہے تو اس دریا میں ہی چلا جاتا ہے۔

So Mr. Crighton decided to block the entrance. Men went on to Big Pond in canoes, cleaned out the weeds, and dropped large stones over the hole.

لہٰذا مسٹر کرائٹن نے یہ راستہ بند کرنے کی کوشش کی۔ ڈونگوں میں بیٹھ کر لوگ تالاب میں گئے، پانی کے اندر کی گھاس پات صاف کی اور غار کے منہ پر بڑے بڑے پتھر ڈال دیئے۔

In about 1952, some time after this work had been carried out, Mr. Crighton finally lost patience with the way people were mistreating his property. Wire fences had been broken down, and gates were still left open for animals to stray.

So he closed all the gates leading to Big Pond and forbade everybody to use the pond and the footpaths and fields around it.

The local people were irritated by the regulation but they accepted it. They knew what to expect.

یہ تقریباً ۱۹۵۲ء کی بات ہے ، اس کام کو انجام ہوئے کچھ عرصہ گزر چکا تھا ۔ اب مسٹر کرائٹن کا خاندان اپنی جائداد کو غلط طریقے سے استعمال ہوتے دیکھ دیکھ کر بالکل تنگ آچکا تھا ۔ تاروں کی باڑ توڑ دی گئی تھی اور مویشی آزادی سے اندر گھس آتے تھے ۔

لہذا انہوں نے بڑے تالاب کی طرف پہنچانے والے تمام پھاٹک بند کر دیئے اور ہر ایک کو سختی سے تالاب اور اس کے اطراف کے کھیت استعمال کرنے کی ممانعت کر دی ۔

دیسی لوگ اس قانون سے بہت مشتعل ہوئے لیکن اس کو مان لیا ۔ ان کو معلوم تھا کہ اب کیا ہونا ہے ۔

WILL BE
PROSECUTED
BY ORDER

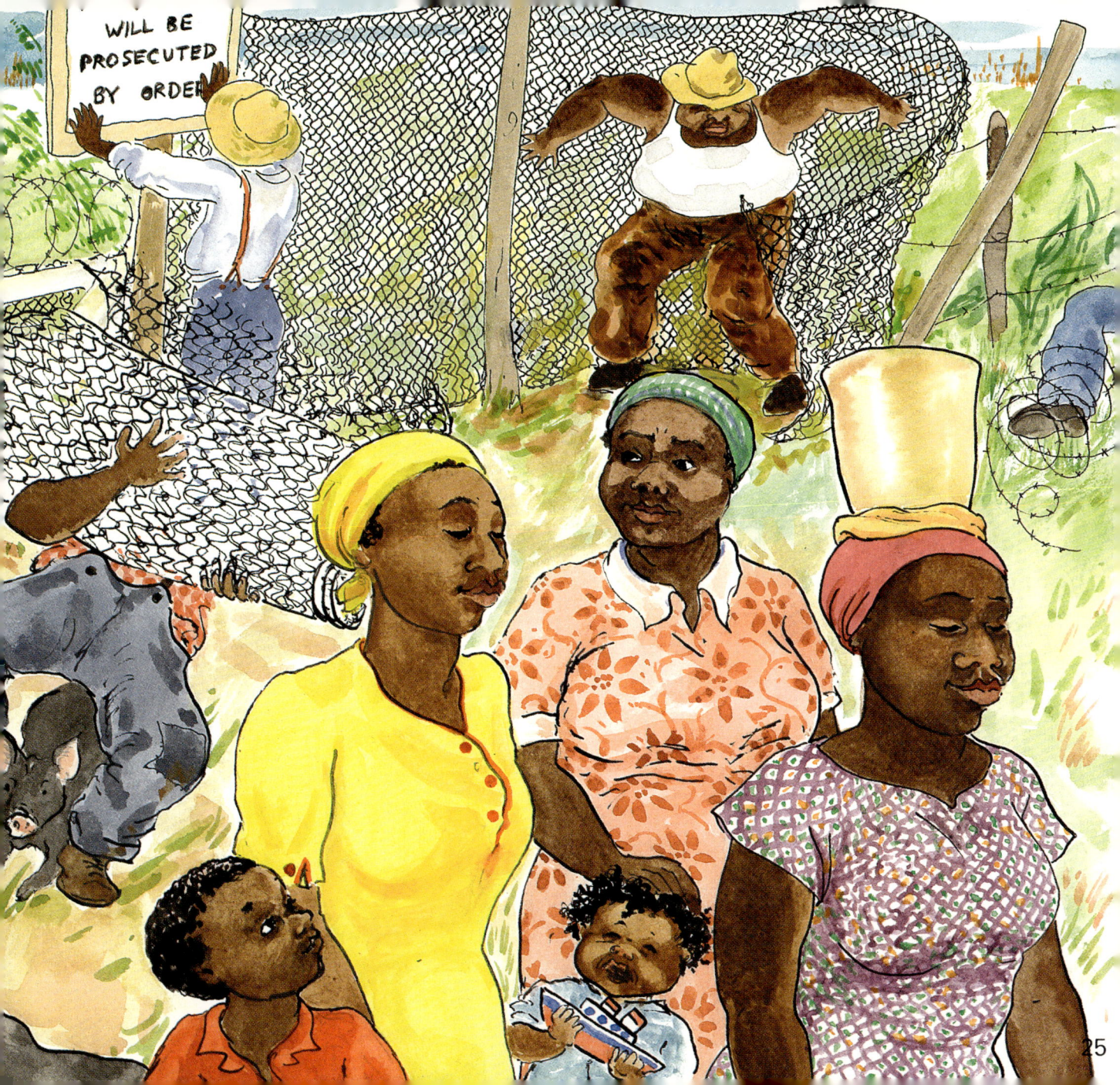

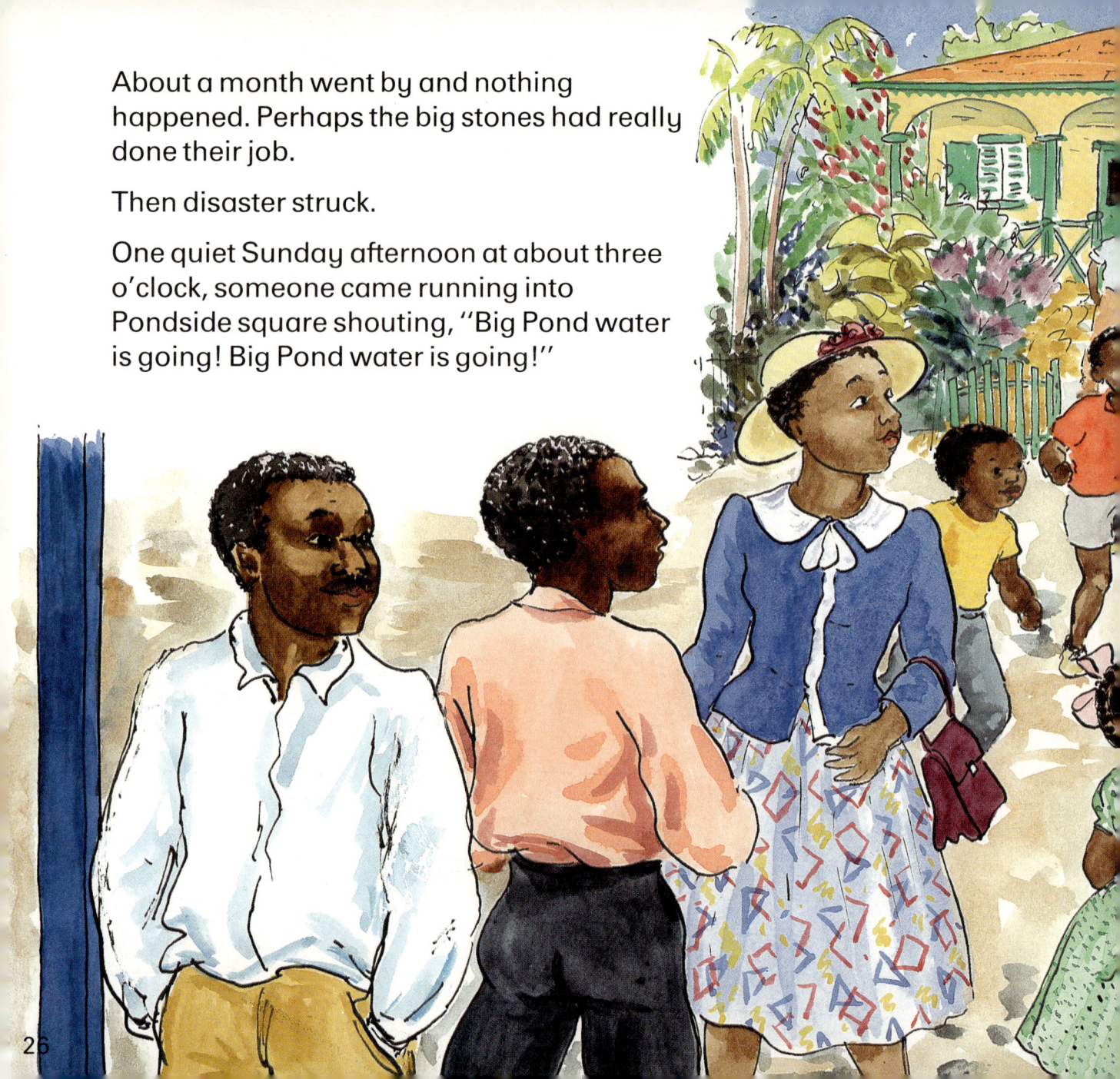

About a month went by and nothing happened. Perhaps the big stones had really done their job.

Then disaster struck.

One quiet Sunday afternoon at about three o'clock, someone came running into Pondside square shouting, "Big Pond water is going! Big Pond water is going!"

تقریباً ایک مہینہ گزر گیا اور کچھ نہیں ہوا۔ شاید بڑے بڑے پتھروں نے اپنا کام کر دیا تھا۔

پھر تباہی مچ گئی۔

اتوار کی ایک خاموش سہ پہر کو تین بجے کے قریب کوئی پونڈ سائڈ کے چوکور میدان میں چلّاتا ہوا آیا۔ ”بڑے تالاب کا پانی غائب ہو رہا ہے! بڑے تالاب کا پانی غائب ہو رہا ہے!“

Suddenly everybody was rushing down to the pond, shouting and calling out. When I arrived, there was already a crowd of watchers lining the water's edge.

A great body of water was whirling round clockwise in the middle of the pond, just as it does when a plug is pulled out of a bath.

We were joined at the pondside by Mr. Crighton and his dogs. All of us looked on in amazement as the water slowly abated. When twilight came and we could see no more, we finally went home.

فوراً ہی سب لوگ بڑے تالاب کی طرف چیختے چلّاتے ہوئے بھاگ پڑے۔ جب میں پہنچا تو دیکھا کہ لوگوں کا ایک بڑا گروہ پہلے ہی تالاب کے کناروں پر جمع ہے۔

پانی کی ایک زبردست موج گھڑی کی سوئی کی طرح تالاب میں تیزی سے گھوم رہی تھی جس طرح ٹب کی ڈاٹ نکال دینے سے پانی گھومتا ہے۔

مسٹر کرائٹن اور ان کے کتّے بھی ہم لوگوں کے پاس پہنچ گئے۔ ہماری حیرت کی انتہا نہیں رہی جب ہم نے دیکھا کہ پانی آہستہ آہستہ کم ہو رہا تھا۔ جب شام کا دھندلکا چھا گیا اور ہمارے لئے پانی دیکھنا مشکل ہو گیا تو ہم لوگ آخر کار گھر واپس چلے گئے۔

Early next morning, before school, we went back to Big Pond. All the water had gone, and the waterfowl had flown away. Only a few turtles were left behind, trapped in the mud.

All that now remains of Big Pond is a crater covered in tall green grass, where cattle contentedly graze.

اگلے دن ہی صبح اسکول سے پہلے ہی ہم بڑے تالاب پر پہنچ گئے۔ تمام پانی غائب ہو چکا تھا اور آبی پرندے اڑ گئے تھے۔ صرف چند کچھوے کیچڑ میں پھنسے رہ گئے تھے۔

اب بڑے تالاب کی جگہ صرف ایک بڑا سا غار نما گڑھا ہے جو اونچی اونچی گھاس سے ڈھکا ہوا ہے۔ اب وہاں مویشی اطمینان سے گھاس چرتے ہیں۔

Glossary

abate	– to grow smaller in size or number
aristocratic	– belonging to or typical of an important and usually rich family
breadfruit	– a large, tropical fruit with uneven brownish-green skin and breadlike flesh
busha (*Jamaican dialect*)	– a title formerly given by native Jamaicans to the male heads of important white families living in the country
drought	– a long period of little or no rainfall and water shortage
guava	– a small, yellow, tropical fruit with pink flesh
night jasmine	– a sweet-smelling shrub with white or yellow flowers, whose fragrance is particularly strong at night
overseer	– a person employed to watch over people or land
parish	– one of the fourteen districts into which Jamaica is divided
pound	– an enclosed area in which stray animals are kept for collection by their owners
prosecute	– to charge with a criminal offence
rose apple	– a small, pale yellow, tropical fruit which tastes and smells strongly of roses
star apple	– a tropical fruit resembling an apple, whose seeds form a star shape in the centre

trespasser	– a person who goes on to another's land without permission
twilight	– the time in the evening when the sun has set, but still sheds light across the sky
verandah	– an open-sided area around or on one side of a house, usually enclosed by railings
waterfowl	– birds that live in or around fresh water